BEI GRIN MACHT SICH IHR WISSEN BEZAHLT

- Wir veröffentlichen Ihre Hausarbeit,
  Bachelor- und Masterarbeit

- Ihr eigenes eBook und Buch -
  weltweit in allen wichtigen Shops

- Verdienen Sie an jedem Verkauf

Jetzt bei www.GRIN.com hochladen und kostenlos publizieren

Marcus Kreysch

Empirische Wirtschaftsforschung

GRIN Verlag

Bibliografische Information der Deutschen Nationalbibliothek:

Die Deutsche Bibliothek verzeichnet diese Publikation in der Deutschen National-
bibliografie; detaillierte bibliografische Daten sind im Internet über http://dnb.d-
nb.de/ abrufbar.

Impressum:

Copyright © 2012 GRIN Verlag GmbH
Druck und Bindung: Books on Demand GmbH, Norderstedt Germany
ISBN: 978-3-656-70694-6

Dieses Buch bei GRIN:

http://www.grin.com/de/e-book/278067/empirische-wirtschaftsforschung

GRIN - Your knowledge has value

Der GRIN Verlag publiziert seit 1998 wissenschaftliche Arbeiten von Studenten, Hochschullehrern und anderen Akademikern als eBook und gedrucktes Buch. Die Verlagswebsite www.grin.com ist die ideale Plattform zur Veröffentlichung von Hausarbeiten, Abschlussarbeiten, wissenschaftlichen Aufsätzen, Dissertationen und Fachbüchern.

Besuchen Sie uns im Internet:

http://www.grin.com/

http://www.facebook.com/grincom

http://www.twitter.com/grin_com

Zusammenfassung Empirische Wirtschaftsforschung

Das lineare Regressionsmodell:

- Das ökonomische Modell: $y_t = \beta_0 + \beta_1 x_t$
- Das empirische Modell: $y_t = \beta_0 + \beta_1 x_t + \varepsilon_t$
- Das ökonometrische Modell: $y_t = \beta_{0Hut} + \beta_{1Hut} x_t + \varepsilon_{tHut}$
- y_t = endogene Variable, Regressand, erklärte bzw. abhängige Variable
- x_t = exogene Variable, Regressor, erklärende bzw. unabhängige Variable
- β_0 = Kostante
- Additives Modell ohne Log´s
- Multiplikatives Modell mit Log´s bei y_t und x_t
- Semi-Log-Modell mit Log bei y_t
- β_{1Hut} = Cov(x,y)/Var(x)

Auswertung der Schätzung:

- Ökomonomische Interpretation:
  1. Interpretation Konstante
  2. Interpretation Koeffizienten (β_1)
  3. Überprüfung der Annahmen des theoretischen Modells
- Ökonometrische Interpretation:
  1. Bestimmtheitsmaß der Schätzung R^2 , adjusted R^2
  2. Genauigkeit der Koeffizientenschätzung (t-Statistik, Konfidenzintervalle)
  3. Überprüfung der Annahmen des ökonometrischen Modells

Kategorisierung von Datenarten:

- Zeitreihen:
  sind Daten, die über die Zeit wiederholt in einer regelmäßigen Frequenz erhoben werden. Dies
  geschieht durch gleichbleibende Methodik und Definition →Bsp. BIP, Zinssätze
- Querschnittsdaten:
  zeitlich ungeordnete Beobachtungen für unterschiedliche Merkmalsträger, die häufig zu einem
  einheitlichen Zeitpunkt erhoben werden.
- Paneldaten:
  sind eine Kombination aus Zeitreihen und Querschnittsdaten. Sie werden mit einer regelmäßigen
  Frequenz erhoben und dies möglichst bei denselben Merkmalsträgern zum selben Zeitpunkt.

Datenquellen:

- Bundesbank:
  monetäre Daten sowie zahlreiche monetäre Statistiken der Bundesrepublik Deutschland, aktuelle
  Monatsberichte und Pressemitteilungen
- Institut für Wirtschaftsforschung (IFO) ca. 10.000 Unternehmen:
  Monatliche unternehmensbezogene Umfragen zum:
  o Geschäftsklima ist ein transformierter Mittelwert aus den Salden der Geschäftslage und der
    Erwartungen. Zur Berechnung werden die transformierten Salden jeweils auf den
    Durchschnitt des Jahres 2005 normiert.
  o Geschäftslage (gut, befriedigend, schlecht). Der Saldowert der gegenwärtigen Geschäftslage
    ist die Differenz der Prozentanteile der Antworten „gut" und „schlecht".

- o Geschäftslageerwartungen (günstiger, gleichbleibend, ungünstiger) für 6 Monate in der Zukunft. Der Saldowert der Erwartungen ist die Differenz der Prozentanteile der Antworten „günstiger" und „ungünstiger".
- ZEW:
  Zur Bildung des Konjunkturerwartungsindex werden monatlich 350 Finanzmarktexperten zur Einschätzung der Entwicklung wichtiger ökonomischer Größen befragt. Ergebnis ist Saldo aus den positiven und negativen Einschätzungen der Experten
- OECD: für weitere Industrieländer
- Internationaler Währungsfonds
- Europäisches Statistisches Amt

Wachstumsraten:

- Absolut: $WY_t = (Y_t - Y_{t-1})/Y_{t-1}$
- Differenz von Log´s: $\Delta \log (Y) = \log (Y_t/Y_{t-1}) = \log [((Y_t - Y_{t-1})/Y_{t-1}) + 1] \rightarrow$ dlog
- Saisonale Schwankungen:
  - o Veränderung zum Vorquartal: Enthält saisonale Schwankungen
  - o Veränderung zum Vorjahresquartal: Neutralisierung saisonaler Schwankungen

Prognosen:

- Statistische Prognose:
  Bedient sich der realisierten Werte der verzögerten abhängigen Variable, um die Zielvariable
- Dynamische Prognose:
  Verwendet vorhergesagte Werte der verzögerten abhängigen Variable, um dieZielvariable zu beschreiben. Somit ist es, entsprechende Verfügbarkeit der erklärenden Variablen vorausgesetzt, möglich, den Prognosezeitraum auszuweiten.

Bestimmtheitsmaß R^2:

- Gibt den Anteil der erklärten Varianz (ESS, Summe aus den Koeffizienten ohne ε) an, d.h. wieviel Prozent der Varianz kann durch das Modell erklärt werden
  - o $R^2 = ESS/TSS = 1 - (RSS/TSS)$
  - o ESS: Summe aus den Koeffizienten ohne ε (Explained sum squares)
  - o RSS: Summe der ε^2 (Residual sum squares)
  - o TSS: Summe aus der Variation der zu erklärenden Variable (Total Sum Squares)
- Adjusted R^2: Macht genau das gleiche nur ist es um die Anzahl der Freiheitsgrade bereinigt
  - o Adj. $R^2 = 1 - (RSS/TSS) \times [(T - 1)/(T - k - 1)]$
  - o k = Anzahl der Regressoren, d.h. Anzahl an erklärenden Variablen

Standardfehler

- Je geringer der Standardfehler, desto höher die Zuverlässigkeit des Schätzergebnisse und deren Interpretation
- Unterscheidung:
  - o Standardfehler der Originalwerte der endogenen Variable
  - o Standardfehler der Schätzung
  - o Standardfehler der Koeffizienten

Testverfahren

- **t-Test:**
  damit kann überprüft werden, ob ein geschätzter Koeffizient einem theoretisch angenommenen Wert entspricht
  - o t-Wert = $(\beta_{tHut} - \beta_t)/ SE(\beta_{tHut})$ mit einer t-Verteilung von $T - k - 1$
  - o Ab 30 Beobachtungen sollte mit der Verteilung der Standardnormalverteilung verglichen werden
  - o Wählen des Signifikanzniveaus α: α bedeutet, dass die Wahrscheinlichkeit, die Nullhypothese zu verwerfen, obwohl sie richtig ist, kleiner als α ist.
- **F-Test:**
  misst den gemeinsamen Einfluss aller erklärenden Variablen mit Ausnahme des Absolutgliedes

Strukturbrüche:
Strukturbruch bedeutet, dass sich die Struktur (Koeffizienten, Standardabweichung) des Modells über die Zeit ändert. Manchmal kennt man einen bekannten Zeitpunkt an dem sich das Modell geändert haben könnte (Euro-Einführung, Wiedervereinigung). Die Schätzung über einen Strukturbruch impliziert eine Fehlspezifikation des Modells.

- Regressionsmodell nur dann zuverlässig wenn folgende Bedingungen gelten:
  - o Kein Strukturbruch: Die Parameter des Modells bleiben im Zeitverlauf kostant
  - o Homoskedastizität: Konstante Varianz der Residuen
  - o Keine Autokorrelation: Residuen korrelieren nicht miteinander („white noise")
  - o Anzahl der erklärenden Variablen < Anzahl der Beobachtungen
  - o Residuen E(0) → alle relevanten Variablen werden berücksichtigt
  - o Keine Multikollinearität: Zwischen den erklärenden Variablen besteht keine lineare Abhängigkeit
- **Wald-Test:**
  Mit Dummy-Variablen, welche Null oder 1 annehmen → Untersuchung der Dummy-Variablen auf Signifikanz
  - o $F_{q,T-k} = [((SSR_R - SSR_{UR})/SSR_{UR}) \times ((T - k)/q)$
  - o T: Anzahl Beobachtungen
  - o k: Anzahl der Koeffizienten
  - o q: Zahl der Restriktionen (z.B. 3 H_0 = 3 Restriktionen)
  - o SSR_R: Summe der Fehlerquadrate des restringierten Modells, d.h. gleiche Koeffizienten in den Teilperioden
  - o SSR_{UR}: Summe der Fehlerquadrate des unrestringierten Modells (signifikante Dummyterme)
- **Chow-Test:**
  Schätzung des Modells für die Zeit vor dem Strukturbruch, nach dem Strukturbruch, für die gesamte Zeitperiode.
  - o $F_{k,T-2k} = [((SSR_R - (SSR_1 + SSR_2)) / (SSR_1 + SSR_2))) \times (T - 2k)/ k]$
  - o SSR_i: Summe der Fehlerquadrate in Teilperiode i
  - o Der Chow-Test teilt den Zeitraum in zwei Teilperioden und berechnet die Summe der Fehlerquadrate für beide Teilperioden separat
  - o Ist die Summe der Fehlerquadrate für den Gesamtenzeitraum signifikant höher als die Summe der Fehler der beiden Teilperioden, liegt ein Strukturbruch vor
  - o Der Zeitpunkt, an dem sich das Modell möglicherweise geändert hat, muss bekannt sein
  - o Dieser Test ist bei Zeitreihendaten sinnvoll, nicht bei Querschnittsdaten

- **Chow Vorhersage-Test:**
  - o Schätze das Modell für die Periode bis zum Strukturbruch
  - o Berechne auf der Basis dieser Schätzgleichung eine Vorhersage für die Zeitperiode nach dem Strukturbruch
  - o Untersuche, ob die Abweichung signifikant größer sind (F-Test oder Chi^2)
  - o Vorteil: Dieser Test liefert auch sinnvolle Ergebnisse, wenn der Strukturbruch noch nicht lange zurückliegt.
  - o $F_{T2,T1-k} = [((SSR_R - SSR_{T1}) / (SSR_{T1})) \times (T_1 - k)/ T_2]$
  - o T_2: Anzahl Beobachtungen ab Strukturbruch
- **Rekursive Schätzungen:**
  sind eine hilfreiche Möglichkeit, um strukturelle Veränderungen in der Modellgleichung zu untersuchen
  - o Vorgehensweise:
    - ▪ Schätze die Modellgleichung für ein kurzes Sample am Anfang des Beobachtungszeitraums
    - ▪ Berechne aus den geschätzten Koeffizienten und den exogenen Variablen eine Vorhersage für die nächste Periode (Step by Step)
    - ▪ Bestimme den Verhersagefehler (das sogenannte rekursive Residuum)
    - ▪ Verlängere das Sample um eine Periode
    - ▪ Usw……
  - o CuSum-Test:
    - ▪ Cumulated Sumo f recursive Residuals
    - ▪ Berechnung der kumulierten Summe der rekursiven Residuen
    - ▪ Wenn bspw. Die rekursiven Residuen immer bzw. (sehr häufig) positiv sind, ist das ein Zeichen für einen Strukturbruch in der Gleichung
    - ▪ Für die Summe der Residuen kann ein Konfidenzband berechnet werden
    - ▪ Über- oder unterschreitet die Summe der Residuen das Konfidenzband, liegt ein Strukturbruch vor
    - $- \sum_{i=k+1}^{T} (w_i/\sigma_{Hut})$ w_i: rekursive Residuen σ_{Hut}: geschätzte St.Abweichung
  - o $CuSum^2$-Test:
    - ▪ Aufsummierung der Quadrate der rekursiven Residuen
    - ▪ Über- oder unterschreitet diese Summe das Konfidenzband, dann liegt eine signifikante Änderung der Varianz der Residuen vor → Heteroskedastizität
  - o Beispiele:
    - ▪ Schätzung einer Einkommensfunktion
    - ▪ Schätzung einer Kosnumfunktion

Autokorrelation

Autokorrelation bedeutet, dass die Residuen zum Zeitpunkt t korreliert sind mit den Residuen der Vorperioden. Autokorrelation führt nicht unbedingt (aber meistens) zu verzerrten Schätzungen der Koeffizienten, aber zu verzerrten Schätzungen der Standardabweichung.

- Das Problem der Autokorrelation
  - o Die Fehler ε dürfen nur zufällig sein, d.h. keine Systematik aufweisen
  - o Insbesondere dürfen sie nicht systematisch von Vorgängerfehlern abhängen
  - o $\varepsilon_t = \rho \times \varepsilon_{t-\tau} + \mu$

- ρ: Autokorrelationskoeffizient
- μ: zufällige Komponente
- t: Zeitindex
- τ: Lag (Verzögerung)
  - Wenn die Nullhypothese ρ = 0 verworfen wird, dann liegt Autokorrelation der Residuen vor
  - In diesem Fall sind die Koeffizienten in statischen Modellen unverzerrt und konsistent, aber nicht mehr effizient, d.h. nicht mehr der beste lineare Schätzer. In dynamischen Modellen können die Schätzer verzerrt und nicht konsistent sei
- Positive Autokorrelation 1. Ordnung:
  - Ein großes positives Residuum heute führt zu einem großen positiven Residuum in der nächsten Periode
  - Autokorrelation der Residuen ist ein Hinweis auf fehlende Variablen
  - Fehlende Variablen implizieren eine Fehlspezifikation des Modells und führen fast immer zu verzerrten Schätzungen der Parameter
- Test auf Autokorrelation:
  - Erkläre die Residuen anhand der Residuen der Vorperioden, t-Test für die Koeffizienten, F-Test der Gleichung
  - Breusch-Godfrey-Test: Erkläre die Residuen anhand der Residuen der Vorperioden und der erklärenden Variablen des theoretischen Modells, F-Test der Gleichung
- Beispiel:
  - Produktionsfunktion und technischer Fortschritt mit Saisondummies und Trenddummies

- Durbin-Watson-Test:
  Dieser Test überprüft nur das Problem der Autokorrelation zum ersten Vorgänger und ist nur bei statischen Modellen einsetzbar. Die Teststatistik lautet:
  - $DW = \text{Summe } (\varepsilon_t - \varepsilon_{t-1})^2 / \text{Summe } \varepsilon_t^2$
  - Sind die Residuen positiv autokorreliert, so ergibt sich ein Wert nahe Null. Bei negativer Autokorrelation ergibt sich ein Wert nahe 4
  - Wählt man ein Signifikanzniveau von 5%, so kann die Nullhypothese, dass keine Autokorrelation vorliegt, verworfen werden, wenn der DW-Wert kleiner 1,6 oder größer 2,4 ist

Heteroskedastizität
Die Varianz der Störvariablen ε ist nicht konstant. Falls Varianz konstant → Homoskedastizität
Heteroskedastie führt nicht zu verzerrter Schätzung der Koeffizienten, aber zu verzerrter Schätzung der Standardfehler. Außerdem wird die Effizienz der Schätzung reduziert.

- Bei Zeitreihen: Ansteigen der Varianz über die Zeit, Anstieg der Varianz mit dem Einkommen
- Bei Querschnittsdaten:
  - Höhere absolute Varianz bei großen Einheiten (große Unternehmen, hohes Einkommen)
  - Geringere relative Varianz bei großen Einheiten (Risikostreuung)
- Konsequenzen der Heteroskedastizität:
  - Standardfehler der Koeffizienten sind verzerrt
  - Daher weisen die Testfunktionen der t-Statistik und des F-Test nicht mehr die unterstellten Verteilungen auf
  - Bei der Testentscheidung beruft man sich auf eine falsche Irrtumswahrscheinlichkeit
  - Die Koeffizienten können weiterhin unverzerrt sein
- **White-Test:**

- o Idee ist der Versuch der Erklärung der Streuungsbreite der Residuen durch andere Variablen
- o Residuen-Quadrate erklären durch die Niveaus und die Quadrate erklärende Variable
- o KQ-Schätzer zeigt dann an, an welcher Variable die Heteroskedastizität hängt
- o Der White-Test geht von der Nullhypothese der Homoskedastizität aus
- o Bereinigung um Heteroskedastie:
  - Teilen der gesamten Gleichung durch die Variable, die die Varianz beeinflusst
  - Bereinigung um Heteroskedastie mit Hilfe der geschätzten Werte der Testgleichung des White-Tests
  - Andere Spezifikationen des theoretischen Modells, z.B. logarithmische Spezifikationen
- o Beispiel: Schätzung Konsumfunktion („konsumw") in Abhängigkeit des verfügbaren Einkommens („yvw"):
  - Normale KQ-Schätzung mit Konsum als zu erklärende Variable und Einkommen als erklärende Variable
  - Schauen auf Residuen → Grafik
  - Durchführung White-Test → F-Statistik > 10 → Verwerfung Nullhypothese
  - Schätzung der Residuen^2 als zu erklärende Variable mit yvw und yvw^2 als erklärende Variablen
  - Schätzung der logarithmierten Werte → log(konsumw) als zu erklärende Variable und log(yvw) als erklärende Variable
  - Teilen durch die erklärende Variable → konsumw/yvw als zu erklärende Variable und 1/yvw als erklärende Variable

Multikollinearität

Fehlende Variablen führen dann zu verzerrten Schätzergebnissen, wenn diese fehlenden Variablen mit den im Modell aufgenommen Variablen korreliert sind. Da nahezu alle ökonomischen Variablen miteinander korreliert sind, führen fehlende Variablen fast immer zu verzerrten Schätzergebnissen

- Wahres Modell: $y_t = \beta_0 + \beta_1 x_{t,1} + \beta_2 x_{t,2} + \varepsilon_t$
- Geschätztes Modell: $y_t = \beta_0 + \beta_1 x_t + \varepsilon_t$
- Der KQ-Schätzer „entfernt" alle Korrelation der Residuen mit den x-Variablen, daher führt eine Korrelation von x_1 und x_2 zu einer verzerrten Schätzung von β_1
- Test:
  Überprüfe, welche Variablen relevant sind → ökonomische Plausibilität, statistische Signifikanz
- Bsp.:
  - o Cobb-Douglas-Produktionsfunktion
  - o Wirtschaftswachstum ← Zinsen, Weltkonjunktur
  - o Konsum ← Einkommen, Vermögen

Endogenität/Simultanität

Endogenität bedeutet, dass die erklärenden Variablen einen Einfluss auf dem Störterm haben bzw. dass deren Kovarianz ungleich Null ist , dies führt bei der OLS-Schätzung zu verzerrten Ergebnissen für die Koeffizienten.

- Probleme:
  - ○ Kaum ökonomische Variablen die nicht von anderen ökonomischen Variablen abhängen
  - ○ Vernachlässigung von relevanten Variablen (underfitting)
  - ○ Zu viele erklärende Variablen (overfitting)
  - ○ Man sollte also immer auf Simultanität testen → siehe Lösungsansätze
  - ○ Abwägung zwischen Verlust der Effizienz des OLS-Schätzers und des Simultanitätsfehlers
- Lösungsansätze:
  - ○ Kontrollvariable suchen, die mit x aber nicht mit y hochkorreliert ist, dadurch wird Verzerrung beseitigt
  - ○ Schätzung anhand verzögerter Werte der erklärenden Variablen: bei Zeitreihendaten
  - ○ Gesamtes Modell kennen und durch geschickte Wahl der Variablen das Modell schätzen
  - ○ Instrumentalvariablenschätzer:
    - ▪ First stage: endogene erklärende Variable (x) wird auf exogene mit x korrelierte Variablen geschätzt
    - ▪ Second stage: Die geschätzten Werte der first stage werden dann anstelle der Variablen für die Schätzung der Modellgleichung verwendet